バンバン・シリーズ

楽しくて わかりやすい

ジュニア バイエル 3

〈レパートリーつき〉

遠藤 蓉子・編　サーベル社

は　じ　め　に

　本書は、子供たちがバイエルを楽しい気持ちで弾き進んでいけるようにと考えて作られたシリーズの最終巻です。バイエルの前半は「バンバン・バイエル」として、色音符や歌詞の導入により子供たちを導きました。後半は、「ジュニア・バイエル」として片手練習やリズム練習などの基本の強化とレパートリーの挿入により少しでも速く子供たちが前へ進むようにと工夫しています。

　しかしながら、この最終巻においては、どのような工夫によっても子供たちが各曲の困難に直面するのは避け難いのですが、多くのピアノ学習者が大きな目標とする「バイエル終了」という到達点に向かって、目の前の課題を一つ一つ乗り越えていくしかありません。

　二巻の79番までででも調性の複雑さから気持ちが消極的になることがあるのですが、三巻の80番からはさらにリズムの複雑さと音域の拡がりにより、ほとんどの子供が「ピアノってなんて難しいんだろう」と思うのが普通です。バイエルは、バイエルを終了することが終着点ではなく、ピアノの基礎を学び終え、そこから深いピアノの世界に入っていくためのスタート・ラインに立つことを意味しますから、この三巻においてはレパートリーもできるだけ偉大な作曲家のものを選んでいます。偉大な作品に接することにより、ピアノへの気持ちが強まり積極的な気持ちで練習に取り組んでくれることを期待しています。

　この三巻では、ヘ音記号の低い音域が新しく出てきますが、カードはつけていません。対応ワークブックとして「ジュニア・ワークブック」が発売されていますので、それを併用することによって徹底的に譜読みをマスターしてください。この新しい思いつきのバイエルが、多くの子供たちをすばらしいピアノの世界へと導いてくれることを切に願っています。

2017年2月

遠　藤　蓉　子

も く じ

<装飾音のトレーニング>……………… 4

1. トルコ行進曲（ベートーベン）……… 5

<転調のトレーニング>……………… 6

2. 子鹿のメロディー（バイエル 80）……… 7

3. シャボン玉のワルツ（バイエル 81）…… 8

4. 山のこだま（バイエル 84）………… 9

<基本のトレーニング>……………… 10

5. おしゃべりオウム（バイエル 83）…… 11

6. アルプスの夜明け（バイエル 90）…… 12

<ホ長調のトレーニング>………… 13

7. ガラガラヘビの散歩……………… 14

8. 玉ころがし……………………… 15

<基本のトレーニング>……………… 16

9. 別れの曲（ショパン）…………… 17

10. 野バラのダンス………………… 18

<十六分音符と十六分休符>……… 20

11. アラベスク（ブルグミュラー）…… 22

12. 葦笛の踊り（チャイコフスキー）… 23

13. 動物たちの行進（バイエル 86）… 24

14. キャッチボール（バイエル 87）… 26

15. 気球にのって（バイエル 101）… 28

16. 野菜サラダ（バイエル 103）…… 30

<付点八分音符>…………………… 32

<基本のトレーニング>……………… 33

17. そりあそび（バイエル 88）……… 34

18. なでしこ（バイエル 89）………… 35

19. ト調のメヌエット（ベートーベン）… 36

<イ調短音階>……………………… 37

20. アラビアのお話………………… 38

21. くもの糸（バイエル 91）………… 39

22. 冬の星座（バイエル 93）………… 40

23. ワルツ（ブラームス）…………… 41

<ヘ長調のトレーニング>………… 42

24. ハーモニカ……………………… 43

25. ハムスター……………………… 43

26. すてきな帽子（バイエル 85）…… 44

27. 赤い屋根の家（バイエル 92）…… 45

28. てんとう虫（バイエル 94）……… 46

29. スキップ（バイエル 98）………… 47

30. スパゲッティ・ミートソース（バイエル 96）……… 48

31. きつつき（バイエル 95）………… 50

32. トランポリン（バイエル 97）…… 51

<変ロ長調のトレーニング>……… 52

33. ピーナッツ……………………… 52

34. 星のきらめき（バイエル 99）…… 53

<複付点四分音符>………………… 54

35. 楽しい日曜日（バイエル 102）… 54

36. 森の音楽会（バイエル 100）…… 56

37. バレンタイン・チョコレート（バイエル 104）…… 58

<半音階のトレーニング>………… 60

38. ウサギの綱わたり（バイエル 105）… 61

39. 手品師（バイエル 106）………… 62

40. プロムナード（ムソルグスキー）… 64

41. かっこう（ダカン）……………… 66

＜装飾音のトレーニング＞

♪…. 小さい♪の音符は、装飾音といい、あとの大きな音符をひく前にほんの少しだけ小さい音符を打ってあとの音符をかざります。

＜転調のトレーニング＞

一つの曲の中で、一つの調から他の調へかわることを転調といいます。

右手

左手

子鹿のメロディー

シャボン玉のワルツ

Allegretto（すこしはやく）

「バイエル81」より

山のこだま

Allegretto(すこしはやく)

「バイエル84」より

🅕 ‥‥ フェルマータといい、この記号のつけられた音符または休符は、大体その長さの二倍以上に延長します。

〈基本のトレーニング〉

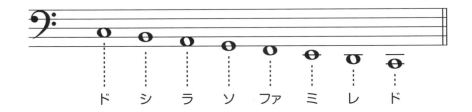

左手

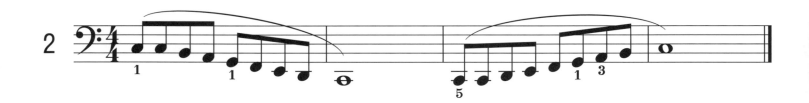

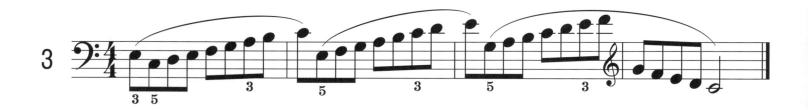

おしゃべりオウム

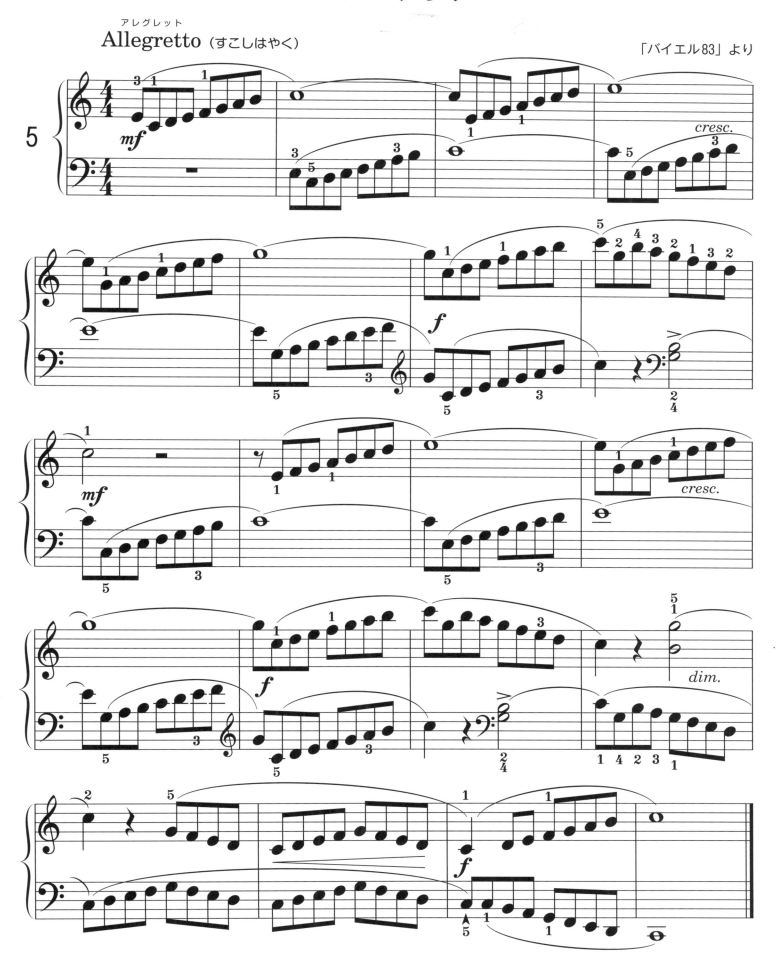

アルプスの夜明け

marcato ‥‥ マルカートといい、音をはっきりと出してひきます。

＜ホ長調のトレーニング＞

ホ調長音階 ‥‥ ミから始まる音の階段で、ファとドとソとレがいつも♯になります

ホ長調の調号

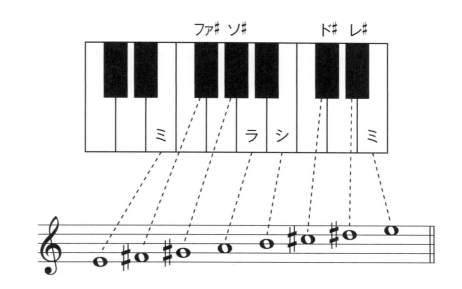

右手

左手

ガラガラヘビの散歩

「バイエル」より

＜基本のトレーニング＞

右手

左手

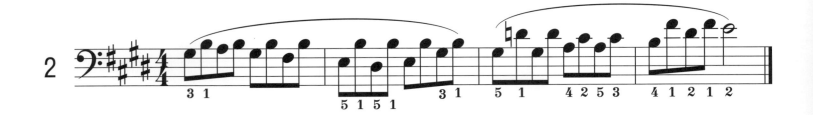

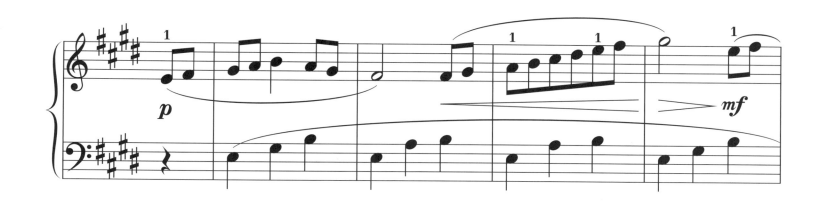
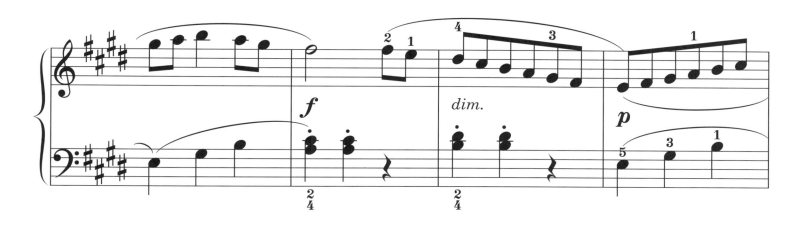
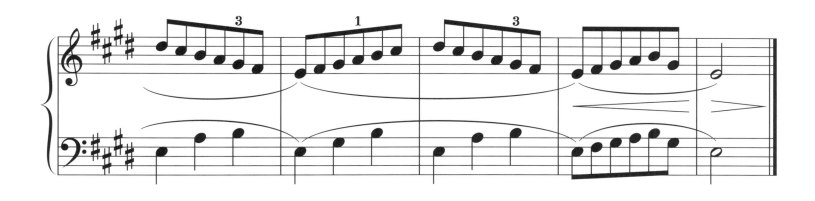

＜十六分音符と十六分休符＞

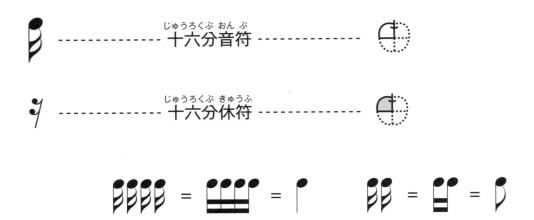

両手のリズム

右手

1

2

左手

1

2

アラベスク

ブルグミュラー 作曲

Allegro scherzando（はやく、おどけてこっけいに）

動物たちの行進

伴奏

「バイエル86」より

キャッチボール

伴奏

「バイエル87」より

Allegro moderato

13

キャッチボール

Allegro Moderato (ほどよくはやく)

「バイエル87」より

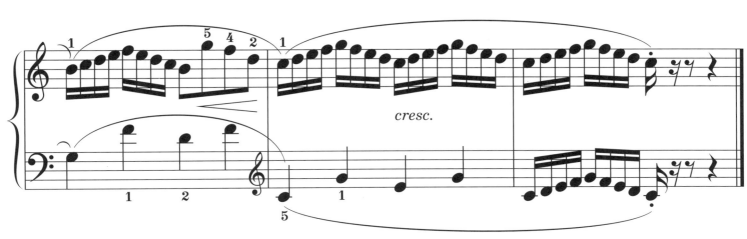

<付点八分音符>

両手のリズム

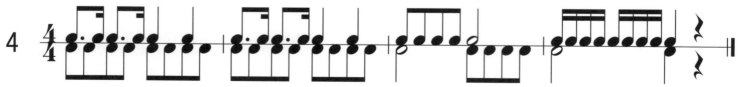

＜基本のトレーニング＞

右手

1

2

3

4

なでしこ

Andante（あるくはやさ）

「バイエル89」より

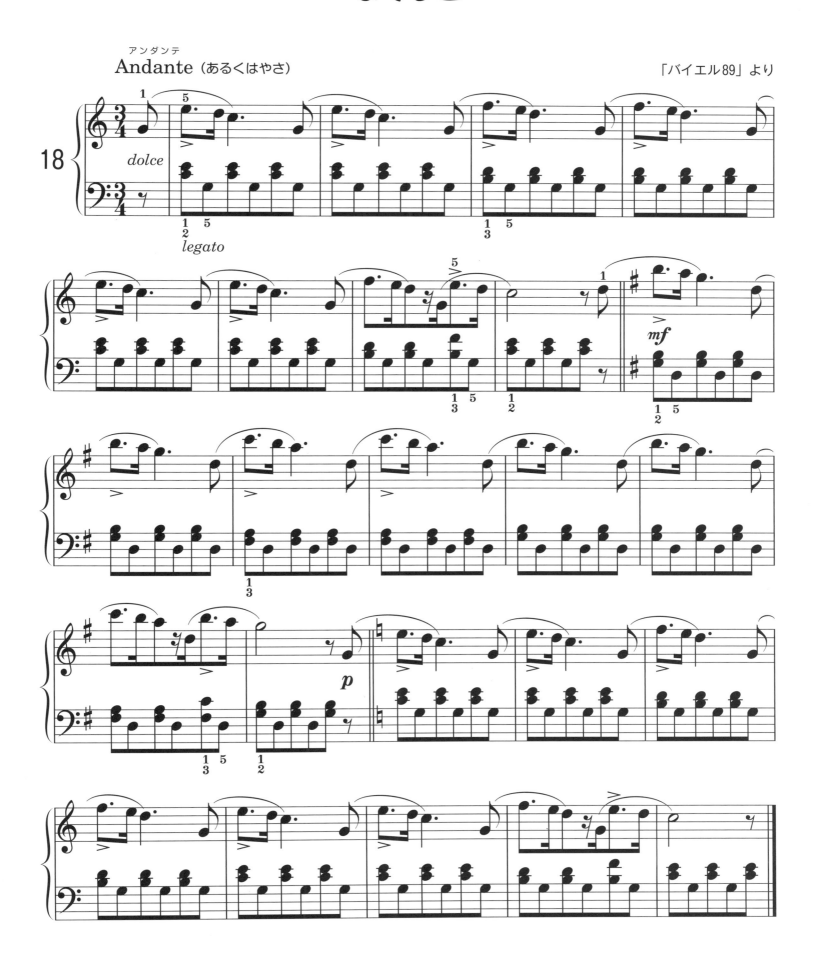

ト調のメヌエット

＜イ調短音階＞

長 調 ……… 明るい感じ
短 調 ……… 寂しい感じ

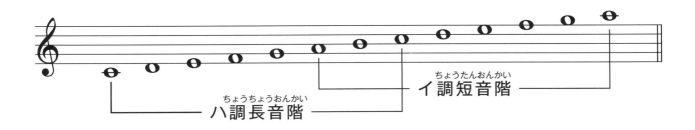

自然的短音階

和声的短音階

旋律的短音階

アラビアのお話

「バイエル」より

ワルツ

Tempo di Valse (ワルツのはやさで)

ブラームス 作曲

＜ヘ長調のトレーニング＞

ヘ調長音階 ‥‥ ファから始まる音の階段で、シがいつも♭になります

へ長調の調号

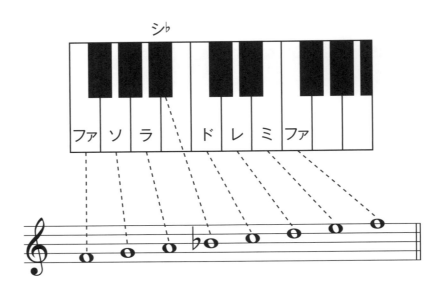

右手

左手

ハーモニカ

「バイエル」より

ハムスター

「バイエル」より

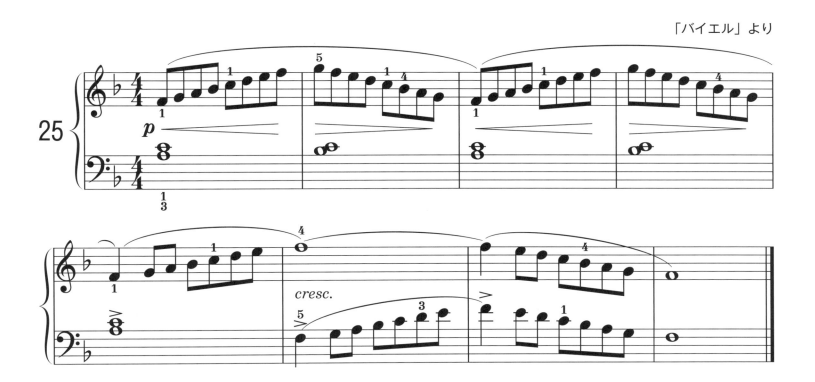

すてきな帽子

てんとう虫

♪♩♪ のようなリズムをシンコペーションといいます。＞の音に十分にアクセントをつけてひきましょう。

スキップ

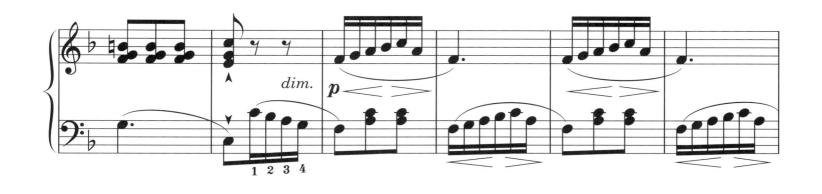

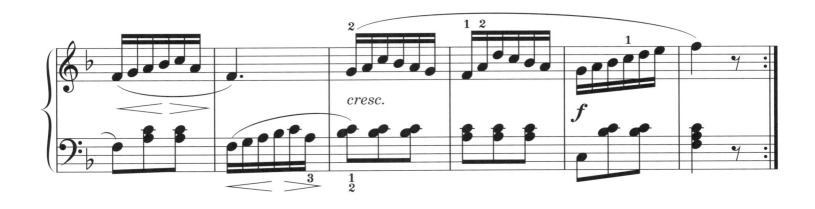

トランポリン

＜変ロ長調のトレーニング＞

変ロ調長音階 ‥‥ シ♭から始まる音の階段で、シとミがいつも♭になります

変ロ長調の調号

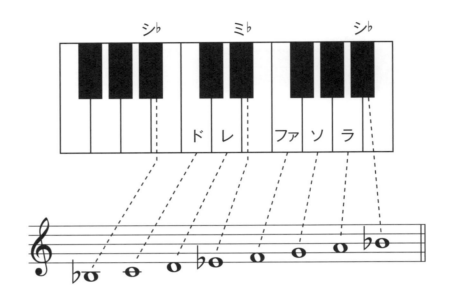

ピーナッツ

「バイエル」より

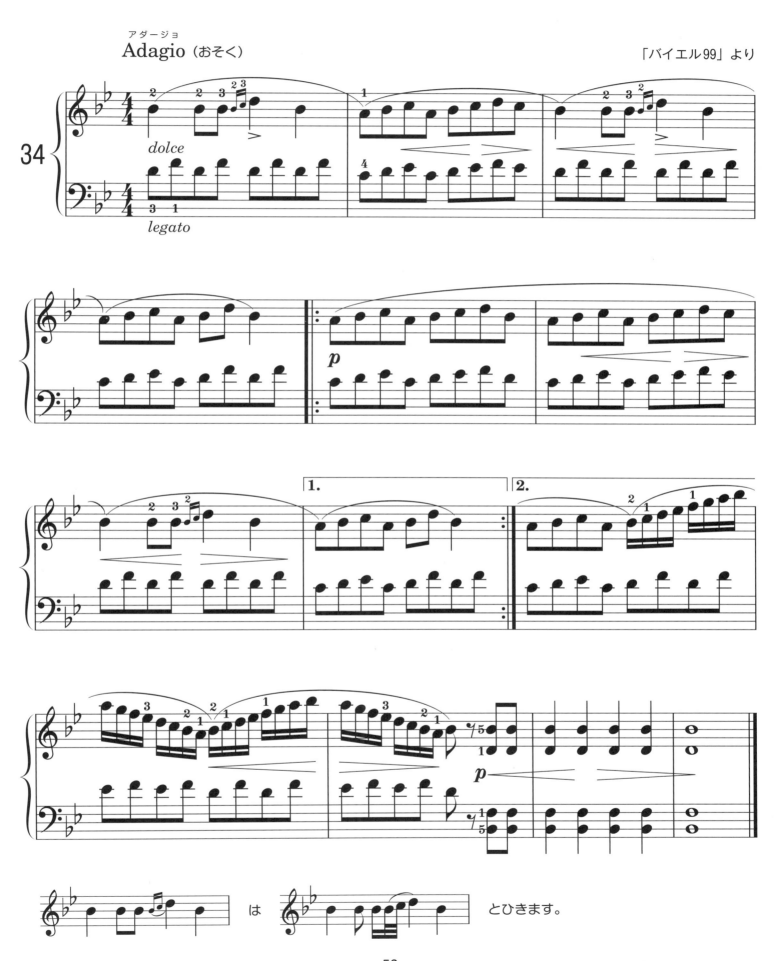

＜複付点四分音符＞

両手のリズム

楽しい日曜日

Moderato (中くらいのはやさ)

「バイエル102」より

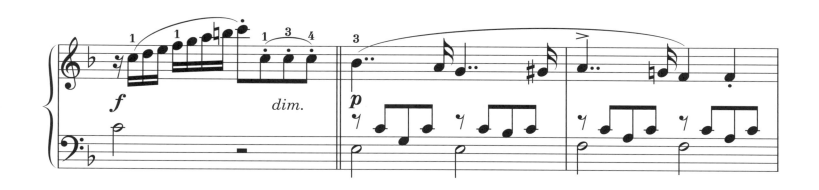
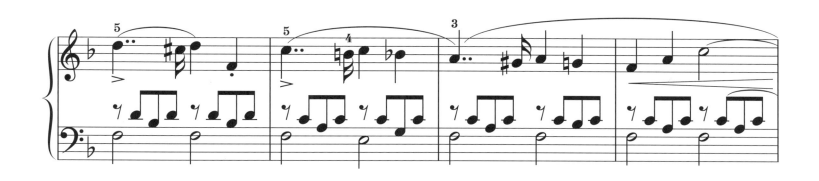
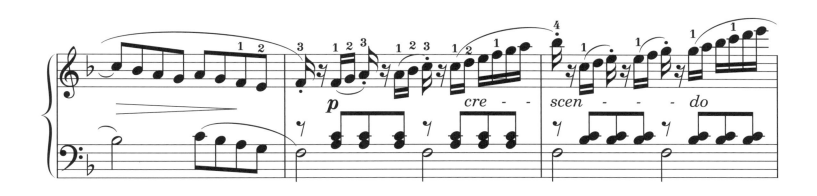

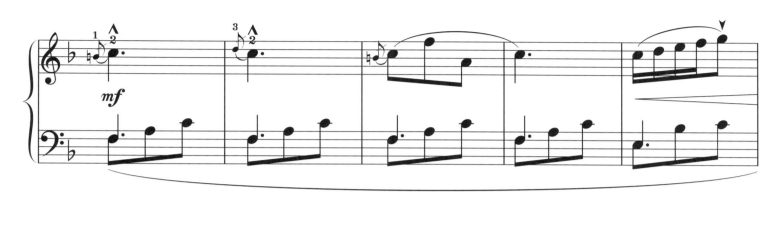
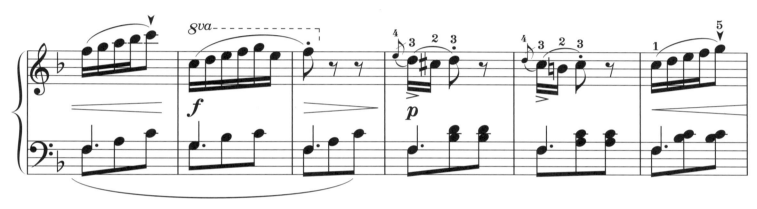

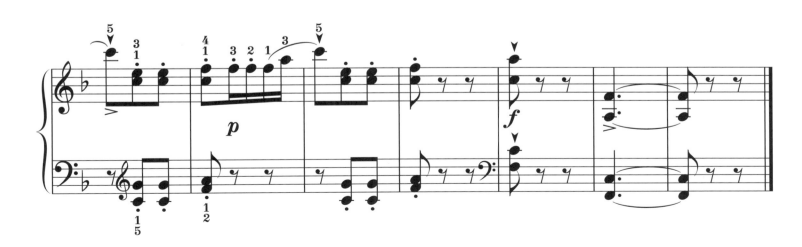

バレンタイン・チョコレート

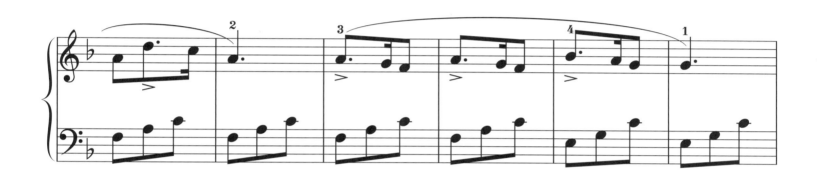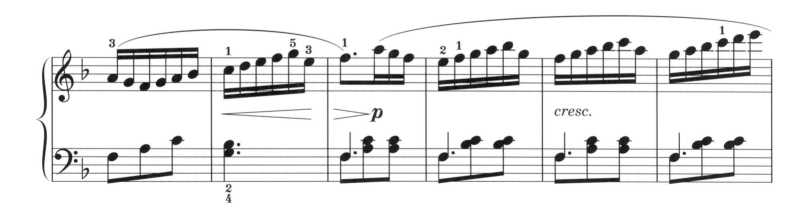

＜半音階のトレーニング＞

ウサギの綱わたり

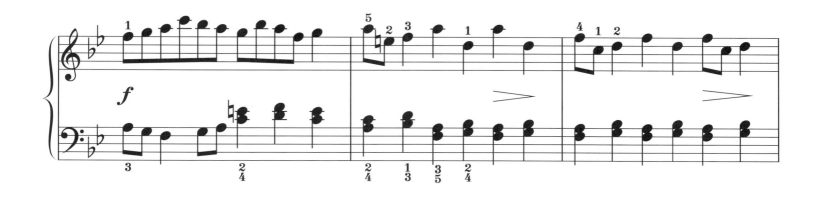
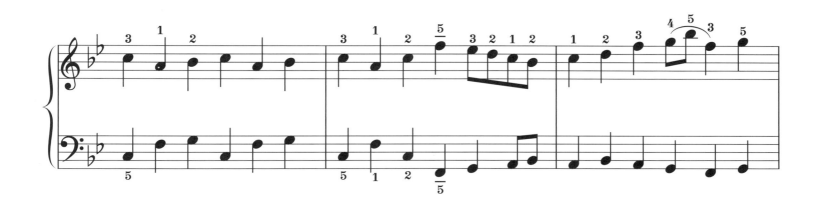
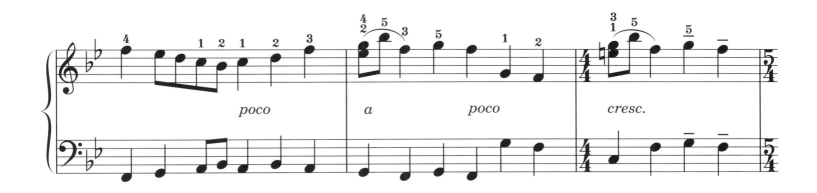

〈楽しくてわかりやすいバンバン・シリーズ〉

たのしくてわかりやすい
バンバン・バイエル ①〜③
〈おんぷカード＆レパートリーつき〉

各定価［本体 1,300 円＋税］

バイエルの1巻から43巻までを3巻に分け、子供たちが理解しやすいよう色音符を使いながら両手のタイミングに慣れさせていきます。また、全曲にタイトルと歌詞をつけることによって子供たちを楽しい気持ちにし、レベルに応じたレパートリーと準備のための片手練習を取り入れています。巻末の音符カードもレッスンに効果的。

バイエル併用
バンバン・ワークブック ①〜③
〈さがしっこゲームつき〉

各定価［本体 950 円＋税］

「バンバン・バイエル」にぴったり対応したワークブックです。音符の色ぬりや線結びなども取り入れて、子供たちのやる気を引き出します。三巻までで、ト音記号のほぼ全音域を習います。「さがしっこゲーム」では、覚えた音が定着するまで何度も先生とのやり取りをすることによって、完全に覚えこんでいきます。「バンバン・バイエル」以外の様々なテキストにも使えます。

楽しくてわかりやすい バンバン・シリーズ
ジュニア・バイエル ①〜③
〈カード＆レパートリーつき〉

各定価［本体 1,300 円＋税］

「バンバン・バイエル」の続編で、バイエルの44番から106番までを3巻に分け、できるだけ子供たちが難しいと感じないようあらゆる工夫をしながら進んでいきます。各曲にはタイトルをつけ、イメージを持って練習できるようにしています。レパートリーも子供たちを満足させる内容ですので、この一冊で手際良くレッスンすることができます。

バイエル後半対応 バンバン・シリーズ
ジュニア・ワークブック ①〜③
〈リスニング・ゲームつき〉

各定価［本体 950 円＋税］近日発売

「バンバン・ワークブック」の続編で、「ジュニア・バイエル」に対応しています。バイエルの後半においては、ヘ音記号の習得と複雑なリズム、調性の理解が中心になりますが、コツコツ積み重ねることによっていつの間にか覚えこんでしまうように作られています。「リスニング・ゲーム」は、聴音を楽しいゲームの形で導入することにより、子供たちの音に対する興味を引き出します。

〈バイエル終了後の使いやすいテキスト・シリーズ〉

ツェルニー・セレクト
〜ツェルニー 30 番の前に〜

定価［本体 1,300 円＋税］

「ジュニア・バイエル③」を終了後に入るのに最適なテキストです。フレーズ感や細かい符割りに慣れ、次の段階に備えて指を速く正確に動かしてきれいに弾くことを目標とします。「ツェルニー・セレクト」から30番レベルの「ツェルニー・コンタクト」、40番レベルの「ツェルニー・パッセージ」へと総合的にピアノの基本を身につけます。

ピアノの贈りもの ①〜③
レッスンのための名曲集

定価［本体 1,300 円＋税］

バイエル終了レベルにふさわしい曲を体系的に配列したレッスンのための曲集。一巻は、ブルグミュラー25番や古典派の小品、バッハなどを含んでいます。二巻はブルグミュラー18番やソナチネ、その他の名曲、三巻に至ってはソナタやショパンの有名な曲を含んでおり、生徒の弾きたい気持ちに応える選曲です。一曲一曲をこなしていくうちに、名曲へとつながっていきます。

遠藤蓉子ホームページ http://yoppii.g.dgdg.jp/

サーベル社より好評発売中！
【YouTube】よっぴーのお部屋　レッスンの扉（レッスンのヒントを紹介）

著　者　遠藤蓉子	楽しくてわかりやすい バンバン・シリーズ
ＤＴＰ　アトリエ・ベアール	ジュニア・バイエル 3
発行者　鈴木祥子	〈レパートリーつき〉
発行所　株式会社サーベル社	〒130-0025　東京都墨田区千歳 2-9-13
定　価　［本体 1,300 円＋税］	TEL 03-3846-1051　FAX 03-3846-1391
発行日　2025 年 5 月 10 日	http://www.saber-inc.co.jp/

この著作物を権利者に無断で複写複製することは、著作権法で禁じられています。
万一、落丁・乱丁の場合は送料小社負担でお取り替えいたします。

ISBN978-4-88371-741-5 C0073 ¥1300E